Stilkes Rechtsbibliothek Nr. 23a
Die Gesetze des Deutschen Reichs und der deutschen Länder
mit systematischen Erläuterungen

Die neue Kartellverordnung

vom 26. Juli 1930

nebst Ausführungsbestimmungen

vom 30. August 1930

erläutert von

Dr. Wenzel Goldbaum
Rechtsanwalt und Notar in Berlin

1930
Verlag von Georg Stilke in Berlin

Theodor Abb Buchdruckerei, Berlin SW 48.

Vorwort.

Die neue Kartellverordnung — der Name hat sich rasch eingebürgert, wird deshalb auch hier verwandt, obwohl er nicht den ganzen Wirkungsbezirk der Verordnung umfaßt — und die Ausführungsbestimmungen werden in dieser Schrift erläutert. Mit Rücksicht darauf, daß diese Vorschriften schneidend in das Wirtschafts- und Geschäftsleben eingreifen, als öffentliches Recht sofort alle Geschäfte und Handlungen erfassen — und bei der Schwierigkeit der ganzen Materie wird diese Erläuterung vielleicht willkommen sein. Sie bildet eine Ergänzung meines Kommentars zur Kartellverordnung.

Berlin, Wilhelmstraße 52, September 1930.

Dr. Wenzel Goldbaum.

A. Einleitung.

Die Verordnung vom 2. November 1923 (Kartellverordnung) hat ihren Zweck nicht erfüllt: der Zweck war Preissenkung. In den Motiven, welche die Reichsregierung ihrer Notverordnung für die Oeffentlichkeit mitgab, heißt es: „Die vorstehend veröffentlichte Verordnung gegen Mißbrauch wirtschaftlicher Machtstellungen muß in den Gesamtrahmen der Maßnahmen eingestellt werden, die die Reichsregierung auf Grund des Ermächtigungsgesetzes zum Zwecke der Produktionssteigerung und zur Befreiung der Wirtschaft von unproduktiven Hemmungen trifft. Wie durch die Aufhebung wichtiger Teile der Demobilmachungsverordnungen die Beweglichkeit auf dem Arbeitsmarkt wiederhergestellt worden ist, so sollen durch die vorliegende Verordnung ungesunde Hemmungen des freien Wettbewerbs beseitigt werden. Die Erzeugungs- und Preispolitik der Kartelle und Konventionen ist seit vielen Monaten Gegenstand heftiger Angriffe aus den Kreisen der Verbraucher, wie auch eines Teils der Produzenten. Die Reichsregierung hat es als ihre Aufgabe angesehen, die erhobenen Klagen auf ihre Berechtigung zu prüfen und ihre Maßnahmen unter Voranstellung allgemeinwirtschaftlicher Gesichtspunkte ausschließlich nach objektiven Maßstäben zu treffen. Es ist unbestreitbar, daß unter der Wirkung der Geldentwertung und der durch sie hervorgerufenen Produktions- und Absatzverhältnisse sich bei den Organisationen der Produzenten vielfach schwerste Mißstände entwickelt haben. Bei der kritischen Zuspitzung, die die wirtschaftliche Konjunktur mit dem Sommer des Jahres erfahren hat und durch welche der Preis einzelner deutscher Produkte über den Weltmarktstand hinausgetrieben worden ist, besteht ein allgemeines Interesse daran, durch Wiederherstellung wirklicher Marktfreiheit eine künstliche Einschränkung der Erzeugung, übermäßige Risikozuschläge und Preisstellungen, die durch die tatsächlichen Produktionskosten nicht begründet sind, nachdrücklichst zu bekämpfen und die Kreise der Produktion und des Handels wieder zu dem vielfach verlorengegangenen Verantwortungsbewußtsein gegenüber dem Gemeinwohl zurückzuzwingen.“ Nach dieser Begründung legte man das Schwergewicht der Kartellverordnung in den § 4:

„Gefährdet ein Vertrag oder Beschluß der im § 1 bezeichneten Art oder eine bestimmte Art seiner Durchführung die Gesamtwirtschaft oder das Gemeinwohl, so kann der Reichswirtschaftsminister

1. beim Kartellgericht beantragen, daß der Vertrag für nichtig erklärt oder die bestimmte Art seiner Durchführung untersagt wird (§ 7);
2. anordnen, daß jeder an dem Vertrage oder Beschluß Beteiligte jederzeit fristlos den Vertrag kündigen oder von dem Beschlusse zurücktreten kann;
3. anordnen, daß ihm Abschrift aller zur Durchführung des Vertrages oder Beschlusses getroffenen Vereinbarungen einzureichen ist und daß diese Maßnahmen erst nach Zugang der Abschrift in Kraft treten.

Die Gesamtwirtschaft oder das Gemeinwohl ist insbesondere dann als gefährdet anzusehen, wenn in volkswirtschaftlich nicht gerechtfertigter Weise die Erzeugung oder der Absatz eingeschränkt, die Preise gesteigert oder hochgehalten oder im Falle wertbeständiger Preisstellung Zuschläge für Wagnisse (Risiken) eingerechnet werden oder wenn die wirtschaftliche Freiheit durch Sperren im Einkauf oder Verkauf oder durch Festsetzung unterschiedlicher Preise oder Bedingungen unbillig beeinträchtigt wird."

Die Bedeutung, die man dieser ganz ausgezeichneten und wohldurchdachten Vorschrift als dem Kern der Verordnung beilegte, erwies sich als falsch. Sie ist überhaupt nicht praktisch geworden. Warum nicht? Waren die Mißstände, zu deren Bekämpfung der Paragraph errichtet worden war, am 21. November 1923, am Tage nach dem Inkrafttreten der Verordnung, *verschwunden*? Man hat ja vielfach erzählt, daß die Kartellverordnung *vor ihrer Anwendung* wirke, daß sie durch ihre bloße Existenz die Kartelle zur Einkehr und Umkehr bringe und so ein gerichtliches Verfahren unnötig mache: die Bestätigung für die Güte gesetzlicher Vorschriften. Nun: der Erlaß der *neuen Kartellverordnung* ist der schlagendste Beweis, daß die Kartellverordnung Stresemanns vollständig versagt hat; d. h. nicht die Kartellverordnung als solche, sondern diejenige Stelle, die durch die Kartellverordnung dazu bestimmt war, Nichtigkeitsverfahren des § 4 Abs. 1 Ziff. 1 in Gang zu setzen: das Reichswirtschaftsministerium. Dieses Ministerium hat erst den § 4 verfaßt — und dann, ja dann war die Angelegenheit erledigt . . . und zwar so erledigt, daß eine neue Notverordnung inmitten schwerster politischer Wirren erlassen werden mußte, *Wirren*, die ihre Ursachen im Wirtschaftlichen hatten. Die Kündigungsstreitigkeiten aus dem § 8 der Kartellverordnung blieben im Einzelfall stecken, wie sie denn auch der privaten Initiative überlassen waren — und die Versagungsbefugnis bei Sperren (§ 9) wirkte sich ebensowenig befreiend aus —, wogegen auf der anderen Seite die Rechtsprechung der ordentlichen Gerichte über Preisunterbietung bei Markenartikeln das letzte Ventil verstopfte und den Druck des Preisdiktats schlechthin unerträglich gestaltete.

Der Wert der neuen Kartellverordnung besteht vor allem darin, daß ihr Erlaß die Nichtanwendung der Verordnung vom 20. November 1923 klipp und klar beweist, obwohl die Verhältnisse, welche die alte Kartellverordnung hervorgerufen hatten, nicht besser, sondern schlechter geworden sind. Ob sie über diese theoretische Erkenntnis hinaus eine Bedeutung haben wird, ist aus dem einfachen Grunde zu verneinen, weil sie nur Negatives bringt, aber nichts Positives. Das Positive wäre eine Lösung des Problems des Kontrahierungszwanges. Um dieses Problem steuert die neue Verordnung in großem Bogen. Die Angst des deutschen Gesetzgebers vor diesem Felsen zeigt sich in der zittrigen Ueberschrift der Verordnung. Die alte Kartellverordnung hatte wenigstens einen imponierenden Titel: „Verordnung gegen den Mißbrauch wirtschaftlicher Machtstellungen". Aus dieser Fanfare ist die Chamade geworden: „Verhütung unwirtschaftlicher Preisbindungen". (Siehe jedoch die Ausführungsbestimmungen v. 30. 8. 30 unter D.)

B. Text der Verordnung.

Verhütung unwirtschaftlicher Preisbindungen.

§ 1.

(1) Die Reichsregierung kann

a) Verträge oder Beschlüsse der im § 1 der Verordnung gegen Mißbrauch wirtschaftlicher Machtstellungen vom 2. November 1923 (Reichsgesetzbl. I S. 1067) bezeichneten Art, die Verpflichtungen über die Art der Preisfestsetzung oder die Forderung von Preisen enthalten, für nichtig erklären oder eine bestimmte Art ihrer Durchführung untersagen;

b) die Anwendung von Geschäftsbedingungen oder von Arten der Preisfestsetzung untersagen, die jemanden in bezug auf die Art der Preisfestsetzung oder die Forderung von Preisen rechtlich oder wirtschaftlich beschränken;

c) Handlungen untersagen, die, ohne unter die Bestimmungen zu a und b zu fallen, nach Lage der Verhältnisse, den Umständen des Falles oder der Art, wie verfahren wird oder verfahren werden soll, im wesentlichen den gleichen wirtschaftlichen Erfolg herbeizuführen geeignet sind, insbesondere Empfehlungen, die sich auf Arten der Preisfestsetzung oder die Forderung von

Preisen beziehen, oder die Anwendung eines wirtschaftlichen oder gesellschaftlichen Druckes im Sinne der Befolgung derartiger Empfehlungen,

wenn die Wirtschaftlichkeit der Erzeugung oder des Verkehrs mit Waren oder Leistungen beeinträchtigt oder die wirtschaftliche Handlungsfreiheit in volkswirtschaftlich nicht gerechtfertigter Weise eingeschränkt wird.

(2) Ferner kann die Reichsregierung anordnen, daß Parteien von Verträgen zurücktreten können, die unter den gemäß Abs. 1 beanstandeten Voraussetzungen abgeschlossen worden sind. Das Rücktrittsrecht ist unverzichtbar; es erlischt, wenn der Rücktritt nicht innerhalb der in der Anordnung bestimmten Frist erklärt wird. §§ 346 bis 356 des Bürgerlichen Gesetzbuchs sowie § 10 Abs. 1 Satz 2, Abs. 2 und Abs. 6 der Verordnung gegen Mißbrauch wirtschaftlicher Machtstellungen finden entsprechende Anwendung.

(3) Als Verträge im Sinne des § 1 der Verordnung gegen Mißbrauch wirtschaftlicher Machtstellungen gelten auch solche Verträge, durch die sich mehrere selbständige Unternehmungen, welche der gleichen Wirtschaftsstufe angehören, einzeln gegenüber anderen in bezug auf die Art der Preisfestsetzung oder die Forderung von Preisen zu einem bestimmten Verhalten verpflichten.

§ 2.

Wenn die Voraussetzungen für Maßnahmen nach § 1 vorliegen, kann die Reichsregierung die Eingangszölle für zollpflichtige Waren, auf die sich die im § 1 genannten Bindungen beziehen, herabsetzen oder aufheben.

§ 3.

(1) Vor Erlaß einer Maßnahme nach §§ 1 und 2 soll die Reichsregierung die beteiligten Wirtschaftskreise hören. Sie soll den Vorläufigen Reichswirtschaftsrat um eine gutachtliche Stellungnahme ersuchen.

(2) Maßnahmen nach dieser Verordnung sind im Reichsanzeiger öffentlich bekanntzumachen und wirken vom Tage der Bekanntmachung ab.

§ 4.

(1) Ist der Markteinfluß der im § 1 bezeichneten Vorgänge örtlich beschränkt, so werden die der Reichsregierung nach § 1 zustehenden Befugnisse im Einvernehmen mit ihr von der Landesregierung oder einer von dieser bezeichneten Stelle ausgeübt.

(2) Wird das Gebiet mehrerer Länder berührt, so kann die Reichsregierung im Einvernehmen mit den Regierungen der beteiligten Länder die Stelle bestimmen, die für die Ausübung der Befugnisse nach § 1 zuständig ist.

§ 5.

Wer einer nach dieser Verordnung erlassenen Maßnahme zuwiderhandelt, ist auf Antrag der zuständigen obersten Reichsbehörde, im Falle des § 4 auf Antrag der zuständigen obersten Landesbehörde oder der von ihr bezeichneten Stelle, von dem Vorsitzenden des Kartellgerichts oder seinem Vertreter mit einer Ordnungsstrafe zu belegen. Die Ordnungsstrafe besteht in Geldstrafe, deren Höchstmaß unbeschränkt ist. Die Beitreibung erfolgt nach den Vorschriften der Reichsabgabenordnung.

C. Text mit Kommentar.

§ 1.

(1) Die Reichsregierung kann

a) Verträge oder Beschlüsse der im § 1 der Verordnung gegen Mißbrauch wirtschaftlicher Machtstellungen vom 2. November 1923 (Reichsgesetzbl. I S. 1067) bezeichneten Art, die Verpflichtungen über die Art der Preisfestsetzung oder die Forderung von Preisen enthalten, für nichtig erklären oder eine bestimmte Art ihrer Durchführung untersagen;

b) die Anwendung von Geschäftsbedingungen oder von Arten der Preisfestsetzung untersagen, die jemanden in bezug auf die Art der Preisfestsetzung oder die Forderung von Preisen rechtlich oder wirtschaftlich beschränken;

c) Handlungen untersagen, die, ohne unter die Bestimmungen zu a und b zu fallen, nach Lage der Verhältnisse, den Umständen des Falles oder der Art, wie verfahren wird oder verfahren werden soll, im wesentlichen den gleichen wirtschaftlichen Erfolg herbeizuführen geeignet sind, insbesondere Empfehlungen, die sich auf Arten der Preisfestsetzung oder die Forderung von Preisen beziehen, oder die Anwendung eines wirtschaftlichen oder gesellschaftlichen Druckes im Sinne der Befolgung derartiger Empfehlungen,

wenn die Wirtschaftlichkeit der Erzeugung oder des Verkehrs mit Waren oder Leistungen beeinträchtigt oder die wirtschaftliche Handlungsfreiheit in volkswirtschaftlich nicht gerechtfertigter Weise eingeschränkt wird.

(2) Ferner kann die Reichsregierung anordnen, daß Parteien von Verträgen zurücktreten können, die unter den gemäß Abs. 1 beanstandeten Voraussetzungen abgeschlossen worden sind. Das

Rücktrittsrecht ist unverzichtbar; es erlischt, wenn der Rücktritt nicht innerhalb der in der Anordnung bestimmten Frist erklärt wird. §§ 346 bis 356 des Bürgerlichen Gesetzbuchs sowie § 10 Abs. 1 Satz 2, Abs. 2 und Abs. 6 der Verordnung gegen Mißbrauch wirtschaftlicher Machtstellungen finden entsprechende Anwendung.

(3) Als Verträge im Sinne des § 1 der Verordnung gegen Mißbrauch wirtschaftlicher Machtstellungen gelten auch solche Verträge, durch die sich mehrere selbständige Unternehmungen, welche der gleichen Wirtschaftsstufe angehören, einzeln gegenüber anderen in bezug auf die Art der Preisfestsetzung oder die Forderung von Preisen zu einem bestimmten Verhalten verpflichten.

Anmerkungen:

1. Die Rechtsgültigkeit der alten Kartellverordnung bereits ist bestritten worden (vgl. hierzu Goldbaum, Kartellrecht und Kartellgericht 2. Aufl. S. 21 ff.). Die Zweifel an der Gültigkeit der neuen Kartellverordnung leiten sich aus anderen Gründen, und zwar aus viel gewichtigeren, her. Die neue Kartellverordnung beruht auf dem Artikel 48 der Reichsverfassung. Nun steht die Entscheidung der Frage, ob die öffentliche Sicherheit und Ordnung erheblich gestört oder gefährdet wird, im Ermessen des Reichspräsidenten. (So Anschütz: „Die Verfassung des Deutschen Reichs" Art. 48 Anm. 8 nicht unbestritten.) Dagegen entscheiden die Gerichte über die Verfassungsmäßigkeit der auf Grund des Artikels 48 getroffenen Maßnahmen (l. c.).

Eine Ermächtigung der Reichsregierung (die Reichsregierung „kann") gehört begrifflich überhaupt nicht in den Kreis dieser Notstandsmaßnahmen, ganz gewiß nicht eine Ermächtigung, Kartelle zu verbieten oder zu vernichten, weil ja mit diesem Verbot oder dieser Vernichtung unmittelbar überhaupt keine Not behoben wird; und ob das mittelbar versucht wird, ist noch die Frage. Seit dem Erlaß der Notverordnung bis zum heutigen Tage sind Wochen verstrichen: nichts ist bisher ausgeführt worden (vgl .jedoch die AusfB. unter D). Dieser Zeitablauf zeigt am deutlichsten, daß der Erlaß dieser Notverordnung ein Bruch der Verfassung war; eine Anwendung der bei uns eingerissenen Methode, die Tatsache auszubeuten, daß Worte nie ganz eng einem Tatbestand dieser Art angepaßt werden können und also eine „Auslegung" möglich ist. Was mit dem Art. 48 Abs. 2 gemeint ist, ist etwas ganz anderes als eine derartige Ermächtigung: nämlich Gefährdung von Sicherheit und Ordnung im polizeilichen Sinne. Der Umstand, daß der erste Reichspräsident (immerhin in ganz anderen Zeiten) angeblich der vorliegenden ähnliche Verordnungen auf Grund des Artikels 48 erlassen haben soll oder hat, beweist ja nicht, daß es verfassungsgemäß erfolgte — und ganz gewiß nicht, daß diese Verordnung rechtsgültig ist. Das Reichsversorgungsgericht hat den 3. Teil des 4. Abschnitts der Gesamtverordnung für gültig erklärt (s. Jur. W. 1930 S. 2739). Die Begründung des Senats ist völlig unzulänglich. Danach kann der Reichspräsident eigentlich immer den Reichstag ausschalten, mit Art. 48 regieren und alle nur denkbaren Rechtsvorschriften erlassen. In dem zur Entscheidung gelangten Falle handelte es sich um Verfahrensvorschriften: Ausschaltung des Rekurses bis auf weiteres in gewissen Sachen. Diese Ausschaltung soll dazu dienen, Deutschland vor dem Ruin zu retten! — Wenn man das bedenkt und dazu die Worte der Begründung liest, der Inhalt einer solchen Notverordnung dürfe nicht gegen die Reichsverfassung verstoßen, so wird man sich eines höchst unangenehmen Eindrucks nicht erwehren können. Aus den dargelegten Gründen halte ich die Verordnung für unwirksam. Daraus ergeben sich als Folgen: Der ordentliche Richter ist an die Nichtigkeitserklärung usw. nicht gebunden, da diese Nichtigkeitserklärung ihrerseits nichtig ist. Der Vorsitzende des Kartellgerichts darf keine Ordnungsstrafe wegen der Uebertretung der Verordnung verhängen. Der Schaden, der den Betroffenen durch Nichtigkeitserklärungen, Untersagungen usw. entsteht, kann gegen die ausführenden und anordnenden Beamten geltend gemacht werden. Die Beamten, welche die Reichsregierung bilden, sind den Bürgern gegenüber verpflichtet, die Verfassung zu wahren. Verletzen sie diese Pflicht, dann sind sie gemäß § 839 BGB. schadensersatzpflichtig. — In der folgenden Kommentierung gehe ich von der Gültigkeit der Verordnung in allen ihren Teilen aus.

2. Die alte Kartellverordnung ist durch die neue nicht aufgehoben. Sie besteht weiter. Insbesondere kann man auch nicht sagen, daß das jüngere Gesetz das ältere aufhebt. Nach wie vor kann also der Reichswirtschaftsminister allein beim Kartellgericht gemäß § 4 die Vernichtung eines Kartellvertrages beantragen. Der Umstand, daß die Reichsregierung unter Ausschaltung des Kartellgerichts diese Nichtigkeitserklärung aussprechen kann, ändert daran nichts. Durch § 1 Abs. 3 hat das Anwendungsgebiet der alten Kartellverordnung eine erhebliche Erweiterung erfahren.

3. Der sachliche Anwendungskreis der neuen Kartellverordnung ist gegenüber der alten erweitert. Sie trifft auch die Trusts und Interessengemeinschaften (welche die alte Kartellverordnung ausdrücklich im § 10 nannte). Die neue Kartellverordnung beschränkt sich nicht auf die Kartelle im Sinne des § 1 der alten Kartellverordnung und auf Trusts und Interessengemeinschaften im Sinne des § 10 daselbst, sondern trifft die sogenannten Reverssysteme, die keine Kartelle sind (angeblich) und den einzelnen

Unternehmer, der Geschäftsbedingungen im Sinne des § 1 Abs. 1b anwendet.

4. „Die Reichsregierung“ kann für nichtig erklären, also nicht das Kartellgericht auf Antrag des Reichswirtschaftsministers, auch nicht dieses allein. Die Nichtigkeitserklärung erfolgt, da sonst nichts darüber gesagt ist, durch Verfügung. (Vgl. Anschütz l. c. Anm. 12b.) Ueber die Veröffentlichung vgl. § 3.

5. Die Reichsregierung kann vernichten; sie muß nicht. Gerade diese fakultative Ermächtigung zeigt, wie problematisch diese ganze Notverordnung ist.

6. Die Vernichtung trifft Verträge und Beschlüsse der im § 1 der alten Kartellverordnung definierten Art. Was alles darunter fällt, kann hier nicht näher dargelegt werden. Es genüge ein Hinweis auf die Anmerkungen zum Kommentar des Verfassers: Kartellrecht und Kartellgericht. Bemerkt sei ergänzend nur, daß das Reichsgericht in der prinzipiellen Entscheidung vom 7. Februar 1930 die Zuckerrübengesellschaften von den Kartellen ausgenommen hat. Dabei hat das Reichsgericht folgende maßgebenden Grundsätze für den Kartellbegriff aufgestellt: „§ 1 KartVO. gibt keine Begriffsbestimmung, jedenfalls nicht ausdrücklich. Er spricht von Verträgen und Beschlüssen, welche Verpflichtungen über die Handhabung der Erzeugung oder des Absatzes, die Anwendung von Geschäftsbedingungen, die Art der Preisfestsetzung oder die Forderung von Preisen enthalten, und fügt dann in Klammern bei: „Syndikate, Kartelle, Konventionen und ähnliche Abmachungen“. Im Schrifttum ist nun allerdings die Ansicht vertreten, daß hiernach auf jeden Vertrag gesellschaftlicher Natur, welcher Verpflichtungen der in § 1 bezeichneten Art begründe, die §§ 1 bis 9 daselbst anwendbar seien (z. B. Isay-Tschierschky KartVO. S. 123 flg.). Demgegenüber wird von anderer Seite unter Berufung namentlich auf die Ueberschrift der Kartellverordnung, auf ihren Zweck und auf die in Klammern beigefügten Worte die Auffassung vertreten, daß zu diesen Tatbestandsmerkmalen (Verträge und Beschlüsse über die Handhabung der Erzeugung oder des Absatzes, über die Anwendung von Geschäftsbedingungen, über die Art der Preisfestsetzung oder die Forderung von Preisen) noch ein weiteres Erfordernis hinzutreten müsse, sei es das der Eignung zu monopolistischer Marktbeherrschung oder wenigstens zur Marktbeeinflussung, sei es das Merkmal des hierauf gerichteten Zweckes (Goldbaum KartVO. S. 40, Haußmann-Hollaender KartVO. S. 19, Friedländer KartVO. S. 50, Staffel KartVO. Anm. 6 zu § 1). Der erkennende Senat hat sich im Urteil RGZ. Bd. 114 S. 262 dahin ausgesprochen, daß weder monopolistische Marktbeherrschung erforderlich sei, noch daß die getroffenen Abreden an und für sich geeignet sein mußten, den Markt tatsächlich zu beeinflussen. Daran ist festzuhalten. Offengeblieben ist damals die Frage, ob die Abmachungen in der Absicht und zum

Zweck der Marktbeeinflussung getroffen sein müssen. Denn das Berufungsgericht hatte in jenem Falle einwandfrei festgestellt, daß die Beteiligten bestrebt gewesen seien, solche Ziele durch den Gesellschaftsvertrag zu verwirklichen. Nach Ansicht des Senats ist allerdings, wie schon im Urteil des VI. Zivilsenats vom 1. Dezember 1925, VI 333/25 (Kart.-Rundsch. 1926 S. 100), angenommen wird, die Absicht der Marktbeeinflussung weiteres notwendiges Erfordernis für das Vorliegen kartellrechtlicher Bindungen im Sinne der §§ 1 bis 9 KartVO. Das Kartellgericht hat, soweit ersichtlich, zu dieser Frage noch nicht Stellung genommen, jedenfalls nicht ausdrücklich; es hat sie vielmehr offengelassen (vgl. Beschluß des Kartellgerichts vom 20. August 1927, abgedr. J. W. 1927 S. 3029 Nr. 1). (Anm. d. Verf.: Man bedenke, daß das Kartellgericht sieben Jahre nach seiner Errichtung die wichtigste Frage, was ist ein Kartell, noch nicht beantwortet hat. In dem Streit, in welchem das hier wiedergegebene Urteil des Reichsgerichts ergangen ist, hat das Kartellgericht den vor ihm schwebenden Rechtsstreit ausgesetzt, bis die ordentlichen Gerichte die Frage „Kartell?" entschieden hatten!!! Es hat sich also seiner ureigensten Aufgabe entledigt, anstatt diese Aufgabe zu erledigen.) Wollte man von diesem Erfordernis absehen, so wäre die unabweisliche Folge die, daß schlechthin jeder Gemeinschaftsvertrag, worin die Beteiligten in der Handhabung der Erzeugung des Absatzes usw. irgendwelche Bindungen eingegangen sind, ohne weiteres unter die §§ 1 bis 9 KartVO. fiele, also insbesondere der Schriftform und der Kündigungsbefugnis des § 8 KartVO. unterworfen wäre. Eine solche Ausdehnung des Anwendungsgebietes der Kartellverordnung würde aber weit über die mit ihrer Erlassung verfolgten Zwecke und Ziele hinausgehen. Es würde sich dann auch nicht mehr nur um eine Bekämpfung des „Mißbrauchs wirtschaftlicher Machtstellungen" handeln. Eine solche Auslegung müßte weiterhin die eingeklammerten Wörter des § 1 für völlig unerheblich erklären. . . Wenn der Gesetzgeber in § 1 KartVO. gerade auf jene Vereinigungen abstellt und den Syndikaten, Kartellen und Konventionen noch „ähnliche Abmachungen" an die Seite setzt, so muß angenommen werden, daß damit ein weiteres Tatbestandserfordernis aufgestellt werden sollte. Allen diesen wirtschaftlichen Machtgebilden ist aber als bezeichnendes Merkmal gemeinsam der Zweck, wenn nicht der Beherrschung, so doch der Beeinflussung des Marktes, also einer Wirkung nach außen. . . Nur solche Verträge . . . fallen unter den § 1 KartVO., mit denen marktpolitische Zwecke verwirklicht werden sollen. Darunter kann aber nur verstanden werden, daß durch die Eingehung der bezeichneten Bindungen die Absatzverhältnisse für die angeschlossenen Unternehmer auf dem allgemeinen Markt günstiger gestaltet werden sollen, als das sonst der Fall wäre (RGZ. Bd. 128 S. 10 ff.). Siehe auch § 4: „Markteinfluß".

Damit ist (durch die Bezugnahme auf den § 1 der alten Kartellverordnung) für die neue Kartellverordnung der Begriff des Kartells festgelegt.

7. Wegen der Wirkung der Nichtigkeitserklärung, insbesondere bei Aktiengesellschaften und Gesellschaften mit beschränkter Haftung, vgl. d. Verfassers „Kartellrecht und Kartellgericht“ 2. Aufl. S. 65 ff., 86 ff.

8. Die Untersagung einer bestimmten Art der Durchführung ist eine Maßnahme, die bereits in der alten Kartellverordnung vorgesehen war (s. § 4 Ziff. 1).

Die Folgen einer Zuwiderhandlung gegen die Untersagung der Reichsregierung bestimmt § 5.

9. Die Anwendung von Geschäftsbedingungen oder von Arten der Preisfestsetzung ist eine typische Kartellverpflichtung.

Geschäftsbedingungen sind die Formularverträge der Verkehrsanstalten, der Spediteure, der Banken. Die Preisbindung als solche, die Klausel „freibleibend“, ist eine Geschäftsbedingung, überhaupt die handelsüblichen Klauseln. (Vgl. hierzu des Verfassers Kommentar zum HGB. und UWG. § 346 HGB. S. 459, 460, 462, 463, 465, 468, Georg Stilkes Verlag, 1930.) Darunter fällt auch der Ausschluß einzelner von allgemein gültigen Tarifen. Nach der alten KVO. rechnete man auch Einkaufsbedingungen (z. B. der Einzelhandels- und Handwerkerverbände) dazu (s. d. Verf. „Kartellrecht und Kartellgericht“, 2. Aufl., S. 49). Nach dem Wortlaut der neuen KVO. fallen auch derartige Geschäftsbedingungen unter das Verbotsrecht der Reichsregierung.

Arten der Preisfestsetzung sind die Abdeckungs- und Repartierungsklausel, die Disparitätsklausel — seit der Inflationszeit scheinbar ganz verschwundene Klauseln, die neuerdings jedoch wieder aufzukommen scheinen. Der Grundstücksverkehr beginnt sich auf den Dollar umzustellen. Ferner: Zinsberechnung für Rückstände, die Preisstellung in ausländischen Zahlungsmitteln, der Treurabatt, die Bonifikationen.

Die Vorschrift wendet sich gegen die rechtliche oder wirtschaftliche Beschränkung von Personen in bezug auf die Art der Preisfestsetzung oder die Forderung von Preisen durch andere Personen.

In subjektiver Beziehung kommt die Bestimmung allen Personen zugute, von denen Preise gefordert werden; so ist sie eigentlich ohne Grenzen. Sie macht auch nicht halt vor fiskalischen Stellen. Zündholz- und Branntweinmonopolverwaltung fallen unter die VO. Auch die durch den § 19 der alten KVO. freigestellten Verbände, deren Bildung in Gesetzen oder Verordnungen angeordnet ist, fallen unter die neue KVO. Dem Wortlaut nach macht sie auch vor Post und Eisenbahn nicht halt: hier zeigt sich ihre Stärke als eines ausgesprochenen Diktaturbefehls auf Grund des Artikels 48. Die Schwäche oder Hintertür steckt im Worte „kann" des Eingangs; ihre praktische Beschränkung liegt in dem Absatz: „Wenn die Wirtschaftlichkeit" usw.

Die rechtliche Beschränkung ist die durch Verträge. Aber behördliche Taxen, die Gebührenordnungen für Rechtsanwälte sind hierher zu rechnen, weil sie entweder Geschäftsbedingungen oder Arten der Preisfestsetzung sind.

Die wirtschaftliche Beschränkung ist dann gegeben, wenn der Lieferant zwar keine Verpflichtung verlangt, daß der Abnehmer gewisse Preise innehält, wohl aber dem Abnehmer zu verstehen gibt, daß er ihn nicht mehr beliefert, falls der Abnehmer nicht gewisse Preise innehält.

„Die Art der Preisfestsetzung" ist oben näher bestimmt worden: die Art der Preisfestsetzung ist (negativ) nicht die Höhe der Preise. Um aber auch Einfluß gerade auf die Höhe zu nehmen, nennt die VO. „die Forderung von Preisen". Die Forderung von Preisen fiel unter den § 1 der alten KVO., dagegen nicht unter Anm. § 10. (Vgl. d. Verfassers „Kartellrecht und Kartellgericht" 2. Aufl. S. 163.)

Daß andere Personen die wirtschaftliche oder rechtliche Beschränkung auferlegen, ist nicht notwendig. Die Beschränkung kann auch in Reichs- oder Ländergesetzen oder Verordnungen liegen.

Gleichgültig ist auch, ob es sich um Sachen oder Leistungen handelt: beide Gegenstände fallen unter die VO. Leistungen fielen bereits unter die alte KVO., wenn sie auch nur an einer versteckten Stelle (§ 5 Ziff. 3: „Waren oder Leistungen") genannt waren. Die neue Kartellverordnung sieht im Gegensatz zur alten dagegen davon ab, unbewegliche Sachen (also Grundstücke) ihren Bestimmungen zu unterwerfen. Desgleichen fallen Rechte (Patentrechte, Urheberrechte, Hypotheken usw.) nicht unter die neue KVO., da sie keine „Waren" sind, unter denen man nur bewegliche Sachen versteht.

Landwirtschaftliche Erzeugnisse sind der VO. unterworfen — wie sich aus den Schlußworten: „wenn die Wirtschaftlichkeit der Erzeugung" ergibt, will man nicht einfach aus dem Warencharakter dieser Produkte die Anwendung der KVO. annehmen.

Die Leistungen sind solche aller Art: gemeint ist sowohl die Tätigkeit des Spediteurs, Frachtführers, wie die des Agenten, des Arztes, des Ingenieurs, der Pensionsinhaberin, des Handwerkers, des Rechtsanwalts, des Mitarbeiters von Zeitungen, eines Orchesters, des Aufsichtsratsmitgliedes usw. Es könnte die Frage auftauchen, ob denn hier nicht nur die Verkehrsleistung, also die fungible, gemeint sei, während die individuelle Leistung ausscheide. Allein diese Beschränkung auf die fungible Leistung wäre doch nur dann begründet und gerechtfertigt, wenn die letzten Worte des ersten Absatzes zwar die Worte: „Verkehr(s) mit Waren oder Leistungen“, nicht aber auch die Schlußworte: „oder die wirtschaftliche Handlungsfreiheit in volkswirtschaftlich nicht gerechtfertigter Weise usw.“ enthielten. —

Daß die Preisbindung der letzten Hand im Verhältnis von Lieferant oder Fabrikant einerseits und dem Großhändler andererseits, sowie zwischen dem letzten wiederum und dem Kleinhändler eine Art der Preisfestsetzung und eine Anwendung von Geschäftsbedingungen ist, liegt klar auf der Hand. Der Zweck der neuen Kartellverordnung kommt an dieser Stelle (§ 1 b) deutlich zum Ausdruck: Verhütung unwirtschaftlicher Preisbindungen. Es fallen also vor allem Preiskartelle und die sogenannten Reverssysteme recht eigentlich unter die Verordnung. Der Markenschutzverband und die Reverssysteme der Zigarettenfabriken stellen solche wirtschaftlichen und rechtlichen Beschränkungen dar. Daß die VO. sich nicht auf die Kartelle einschnüren läßt, ist oben bereits ausgeführt worden. Die Erfassung der Reverssysteme wird aber — um jedem Zweifel zu begegnen — noch mit ausdrücklichen Worten klargestellt. (Abs. 3.) Die Zigarettenindustrie ist bekanntlich aus dem Markenschutzverband ausgeschieden und damit aus dem Anwendungsgebiet der alten Kartellverordnung (wenigstens nach Auffassung des Reichswirtschaftsministeriums). Sie hat sich dann in Gesellschaften mit beschränkter Haftung Organe geschaffen; nach außen ist sie jedoch nicht mehr kollektiv aufgetreten, vielmehr ist gegen Preisunterbietung jede Firma einzeln vorgegangen. Diese Umgehung der Kartellverordnung auf diese höchst durchsichtige Weise fand aber die Billigung der Gerichte, die im Rubrum der Klagen immer nur eine Firma fanden und damit die Anwendung kartellrechtlicher Grundsätze verwarfen. Dabei ist der Stolz der Gerichte die Befreiung von „formalistischen Erwägungen“! Nun ist aber diese Umgehung unmöglich gemacht, das Zigarettenreverssystem untersteht der Diktaturverordnung. —

Mit dem Erlaß der Diktaturverordnung ist die Judikatur der ordentlichen Gerichte über das sogenannte Schleudern von Markenartikeln in einer geradezu erschütternden Weise ad absurdum geführt. Es zeigt sich jetzt, daß diese Unterstützung der mächtigen Preiskartelle und Reverssysteme durch Anwendung der §§ 826 BGB., 1 UWG. nichts anderes als das Verstopfen des letzten Ventils war. Der auf die große Masse des arbeitenden und darbenden Volkes ausgeübte Druck des Preisdiktats hat schließlich zu der schwersten wirtschaftlichen und politischen Erschütterung geführt, die unser Vaterland seit der Inflationszeit erlebt hat und erlebt. Und welche Ironie der Weltgeschichte, daß diese Judikatur sich auf den Verstoß gegen die guten Sitten stützte! Die Markenartikelpreise zu unterbieten, war unsittlich! Jetzt sehen wir, daß die Preisbindung ein Mittel ist, ein ganzes Volk an den Rand des Ruins zu bringen.

Denn mögen auch (wie oben ausgeführt) die tatsächlichen Voraussetzungen des Art. 48 bei Erlaß der VO. nicht vorgelegen haben — mag man den Standpunkt vertreten, daß es Sache des Reichstags wäre, im Wege der ordentlichen Gesetzgebung das Erforderliche zu tun —, eines steht fest: daß bei drei Millionen Arbeitslosen und bei ungeheuren Steuerlasten die wirtschaftliche Situation „kritisch" ist. Von den politischen Spannungen ganz abgesehen. —

Diese Rechtsprechung, die das Gemeinwohl des deutschen Volkes gefährdet, steht auf drei tönernen Füßen: darauf, daß das UWG. nicht zum Schutze der Allgemeinheit erlassen worden sei, sondern zum Schutze des „Wettbewerbers"; sodann auf der „Norm", daß die „Ausbeutung" fremden Vertragbruchs unsittlich sei; schließlich auf der Ueberzeugung, daß „kartellrechtliche Grundsätze" auf diesen Tatbestand keine Anwendung fänden! Eine Zusammenstellung der wesentlichen Urteile findet der Leser in meinem Kommentar zum HGB. und UWG. S. 641 ff. unter der Ueberschrift „Anzugreifende Judikatur". Bereits in der ersten Auflage des Kommentars zum UWG. (Georg Stilkes Verlag) habe ich ausgeführt, daß die Entscheidungen, die in dem Schleudern von Markenartikeln einen Verstoß wider die guten Sitten sehen, seit der Preissenkungsaktion (mit Ende der Inflationszeit) überholt sind. Es müsse sich eine neue Judikatur bilden, die an die Urteile des Oberlandesgerichts Hamburg vom 20. 1. 15, vom 1. 6. und 1. 10. 15 anknüpfen müsse. Später habe ich in verschiedenen Aufsätzen den gleichen Gedanken verfochten: „Der neue Formalismus der Rechtsprechung über den unlauteren Wettbewerb" („Gewerblicher Rechtsschutz und Urheberrecht" 1927 S. 781), „Unlauterer Wettbewerb zum Wohle der Allgemeinheit" (Leipziger Zeitschrift 1927 S. 723), „Das Rechtsgefühl als Entscheidungsgrund" („Gewerblicher Rechtsschutz und Urheberrecht" 1929 S. 298). Es bildete sich eine neue Judikatur: das Oberlandesgericht Karlsruhe hat sich in einer der vorzüglichsten Entscheidungen der deutschen Rechtsprechung diesem Standpunkt angeschlossen und — unbekümmert um die Berufungsinstanz, das Kammergericht, — hat das Landgericht Landsberg an der Warthe — in richtiger Anwendung des § 137 BGB. — den Anträgen der Zigarettenfabrikanten nicht stattgegeben. Aus der Literatur sind in erster Linie die Arbeiten Dr. Tschierschkys zu nennen. (Vgl. Kartellrundschau 26 S. 61; 29 S. 88, 136, 200, 337, 389.) Das Kammergericht hielt eisern an seinen (und des Reichsgerichts) Vorurteilen fest, und zwar mit einer Beharrlichkeit, die einer besseren Sache würdig gewesen wäre. (Vgl. Urt. v. 6. 7. 27 i. M. u. W. 27/28 S. 147). Die Erwähnung der neu sich bildenden Judikatur rief ein Lächeln hervor, das besonders Landsberg galt. Und wie war es damit? Die tiefere Wahrheit wurde niemals in diesen fertigen Entscheidungen gesucht, und zwar aus dem einfachen Grunde nicht, weil man sie bereits gefunden zu haben glaubte! Wo? In der guten Kinderstube! Diese lehrt uns (angeblich), daß man nicht nur die eigenen, sondern auch die fremden Verträge zu achten habe. Das sei Anstand — und deshalb sei das Schleudern unsittlich! Nun: kein Gesetz verlangt von uns die Beachtung von Verträgen, die ohne uns (und gegen uns) geschlossen worden sind. Nach unserem Rechtssystem besteht das Charakteristische der Vertragsverpflichtung darin, daß sie die Parteien bindet: lex contractus. Kein Moralprinzip verbietet das Unterbieten von Preisen. Wenn jemand Birkenwasser (statt mit 100 Pfg., mit 95 Pfg.) also billiger verkauft oder auf Heilmittel Rabatt gibt oder die Reemtsmapreise unterbietet, so verstößt er damit weder gegen die zehn Gebote, noch gegen ein sonstiges Sittengesetz: er tötet nicht, er stiehlt nicht. Er verletzt auch nicht den Anstand. Denn die häuslichen Anstandslehren beziehen sich nicht auf die Wirtschaft. Wenn man an ihrer Stätte, der „gesellschaftlichen Auffassung", die Entscheidung gefunden hatte, so war das ein fundamentaler Irrtum. Sie lag auf wirtschaftlichem Gebiete. Hier war sie zu finden, hier war sie zu suchen. Aber weder das Reichsgericht (immer der zweite Zivilsenat) noch das Kammergericht haben sich auf diesem Gebiete umgesehen. Das hat man abgelehnt mit dem nonchalanten Satze, kartellrechtliche Grundsätze kämen nicht in Frage! (RGZ. Bd. 120 S. 53.) Das: das Suchen der Wahrheit! Eine Untersuchung darüber, ob denn die Preisbindung volkswirtschaftlich so nützlich sei, daß sie auf einen besonderen Schutz des Richters Anspruch habe, oder nicht so schädlich sei, daß sie verworfen werden müsse, ob die Wahrheit vielleicht in der Mitte läge, was eine Neutralität des Richters bedinge, d. h. eine Erklärung, dieser Kampf sei kein Rechtskampf, sondern ein wirtschaftlicher Machtkampf, der mit wirtschaftlichen Mitteln entschieden werden müsse — eine derartige Untersuchung fehlt vollkommen. Man hat den Markenschutzverband, ein unheimliches Gebilde aus mehreren hundert Unternehmen der kosmetischen, chemischen, Lebens- und Genußmittelbranche, sogar als eine wertvolle Erscheinung behandelt — seine Reverse, seine unerträgliche Sperrandrohung respektiert — und hat ihm erst dann die Gefolgschaft versagt, als er aufhörte, rigoros zu sein. Diese Entscheidung des Kammergerichts sagt: bist du lückenlos, Reverssystem, dann bist du geheiligt. Wenn du jeden knebelst, alle bindest, bei Bar- und Kreditgeschäften, wenn du gegen jeden, der rabattiert, bei einem nicht revisiblen Streitgegenstand mit Dutzenden von einstweiligen Verfügungen vorgehst, dann helfe ich, der Richter, dir dem Mächtigen, der du deinen Geboten und Preisdiktaten Wirkung verschaffst. Wenn du aber nachsichtig bist, den Preisdruck lockerst — dann sieh, wo du bleibst. Dann folge ich dir nicht mehr. Trocken ausgedrückt: das lückenlose Reverssystem ohne Fabrikantenrabatt ist die Voraussetzung für die Bewertung des Unterbietens als einer unsittlichen Handlung! (KG. M. u. W. 1930 S. 260.)

Es ist ganz gleichgültig, daß dieses Schleudern vielfach von Existenzen betrieben wurde, deren letzter Gedanke das Wohl der Allgemeinheit war. Von Leuten, die (wie man zu sagen pflegt) im Schatten der Kartelle leben wollten, die an der Aufhebung der Preisbindung gar kein Interesse hatten, weil sie an einem freien Wettbewerb kein Interesse hatten. Dieses subjektive Moment ist aber ganz gleichgültig; es kann im Rahmen des unlauteren Wettbewerbes nur dann herangezogen werden, wenn das Moralgesetz berührt wird.

Hier war objektiv festzustellen, ob in diesen Zeiten die Preisbindung volkswirtschaftlich nützlich oder gefährlich war. Davon mußte das Gericht sein Urteil abhängig machen, nicht aber von der Frage, ob das Preissystem lückenlos war.

Denn was sehen heute alle? In dem Bestreben, die Preise zu senken, sind sich Reichsregierung, Reichswirtschaftsrat, Presse und Millionen Deutscher in einem Punkte ganz einig: die Preisbindungen bei Markenartikeln jedenfalls der Lebensmittel-, Genuß-, Heilmittelbranche müssen aufgehoben werden! (Vgl. hierzu das Gutachten des Reichswirtschaftsrats im „Berliner Tageblatt" vom 14. August 1930, Abendausgabe: „Kartellpolitik".)

Und nun wollen wir doch einmal sehen, ob Reichsgericht und die Oberlandesgerichte sich der neugebildeten Judikatur des Landgerichts Landsberg und des Oberlandesgerichts Karlsruhe anschließen werden. Und — wenn sie es nicht tun — auf welche Kreise sie sich stützen werden, wenn sie sagen: bei lückenlosem Reverssystem verstößt das Unterbieten gegen die guten Sitten. Gegen wessen gute Sitten? Ich habe gar keinen Zweifel daran, daß von solchen Urteilen eine Krisis der Zivilrechtsprechung ausgehen wird, von deren Umfang und Gewalt man sich keine Vorstellung machen kann! —

Man arbeitet bei der Beurteilung der Frage der Preisbindung gern mit einem Argument, das auf den ersten Blick etwas Bestechendes hat. Man sagt: warum soll man denn die Preise nicht binden, wenn man doch die Löhne bindet. Auf dem Arbeitsmarkt werden doch auch die Dienste der Arbeiter nicht frei gehandelt. Im Gegenteil: hier haben wir doch die Preisbindungen im Wege von Tarifverträgen.

Bei dieser Argumentation wird aber das Wesentliche übersehen: daß nämlich die Tariflöhne nicht auf Diktat beruhen, sondern auf einer Vereinbarung der Tarifparteien. Kommt eine solche nicht zustande, dann stellt eine Spruchbehörde den Tarif fest. Und eine oberste Behörde, nämlich das Reichsarbeitsministerium, erklärt auf Antrag einen solchen Tarifvertrag für allgemein verbindlich, d. h.

auch für diejenigen verpflichtend, die den Vereinigungen der Unternehmer und Arbeitnehmer, welche den Tarifvertrag geschlossen haben, nicht als Mitglieder angehören.

10. Mit dem § 1 a, b, bringt die KVO. (sozusagen) grundsätzlich nichts Neues: das Neue ist nur die Ermächtigung der Reichsregierung zu Nichtigkeitserklärungen und Verboten.

Dagegen ist § 1 c materiell neu. Diese Vorschrift trifft ganz allgemein Handlungen, die dieselbe Wirkung erzielen wie Kartellierungen und die Anwendung von Geschäftsbedingungen und Arten der Preisfestsetzung, ganz gleichgültig, von wem sie ausgehen und in welchen Formen sie sich bewegen. Diese Vorschrift erinnert an die bekannte Bestimmung der Reichsabgabenordnung, die der Steuerhinterziehung durch ungewöhnliche Rechtsformen begegnen will.

Es soll eben auf alle Fälle rechtliche oder wirtschaftliche Beschränkung beseitigt und der Grundsatz unseres gesamten Wirtschaftslebens, daß der Preis durch Angebot und Nachfrage sich regelt, aus Schutt und Asche wieder zu neuem Leben entfacht werden.

Die Vorschrift trägt insbesondere folgendem Umstand Rechnung. Man hat es unternommen, die alte Kartellverordnung, welche die Sperren genehmigungspflichtig macht, auszuschalten. Man hat — unter dem Beistand einer hilfsbereiten Wissenschaft — einfach erklärt: eine Sperre liegt nur dann vor, wenn ein die Mitglieder verpflichtender Beschluß vorliegt. Und die Mitglieder haben erklärt: um einig zu sein, brauchen wir keinen Beschluß. Eine Empfehlung genügt: wir handeln doch alle, als ob eine Verpflichtung vorliege. Und das Reichsgericht hat dieser Ausschaltung der Kartellverordnung insofern gedient, als es den Beweis für zulässig erklärte, daß trotz Aussperrung auf Grund eines Kartellbeschlusses die einzelnen Mitglieder des Kartells erklären könnten, sie hätten gar nicht auf Grund der Kartellsperre die Lieferung versagt, sondern aus individuellen Gründen. (RGZ. Bd. 125, S. 166.) Ebenso hat das RG. sich gegen den Kontrahierungszwang (selbst bei Heilmitteln) ausgesprochen, selbst wenn die Nichtlieferung auf einen noch durchgeführten Sperrbeschluß eines Kartells hin von einem mitsperrenden Kartellmitglied zurückgeht.

Und hier klafft auch die gewaltige Lücke der neuen Kartellverordnung, die das Problem des Kontrahierungszwanges ungelöst läßt. Besser gesagt: die den Kontrahierungszwang nicht anerkennt. Denn was nutzt es dem im Preise „Hochgenommenen“, wenn er die Lieferungsverträge lösen kann: Ware bekommt er auf diese Weise nicht!

11. Die diktatorischen Befugnisse der Reichsregierung sind an eine sehr bedeutsame Voraussetzung geknüpft: durch die angreifbaren Maßnahmen muß die Wirtschaftlichkeit der Erzeugung

oder des Verkehrs mit Waren oder Leistungen beeinträchtigt oder die wirtschaftliche Handlungsfreiheit in volkswirtschaftlich nicht gerechtfertigter Weise eingeschränkt werden.

Ob diese Voraussetzung zutrifft oder nicht, entscheidet ausschließlich die Reichsregierung. Eine Ausnahme gibt nur § 4 für die Fälle eines eingeschränkten Wirkungskreises der beanstandeten Vorgänge.

Die Anrufung des Reichswirtschaftsrats und die Anhörung der beteiligten Wirtschaftskreise ist in das Ermessen der Reichsregierung gestellt. Verfügungen, die ohne diese Anrufung oder Anhörung erlassen worden sind, sind gültig. Der Richter (insbesondere der Vorsitzende des Kartellgerichts) hat keine Möglichkeit, nachzuprüfen, ob die Voraussetzung tatsächlich vorlag; ebensowenig kann er irgendwelche Schlüsse aus dem Uebergehen des Reichswirtschaftsrats und der beteiligten Wirtschaftskreise ziehen.

Diese Voraussetzung, von der die Anwendung des § 1 abhängt, zerfällt in zwei Gruppen:

a) entweder muß die Wirtschaftlichkeit der Erzeugung oder des Verkehrs mit Waren und Leistungen beeinträchtigt oder
b) die wirtschaftliche Handlungsfreiheit in volkswirtschaftlich nicht gerechtfertigter Weise eingeschränkt werden.

Es handelt sich hier um zwei gesonderte Tatbestandsgruppen, die auch nicht durch die „volkswirtschaftliche Weise" verbunden werden. Die Worte „in volkswirtschaftlich nicht gerechtfertigter Weise" gehören nur zur Gruppe b, nicht aber auch zur Gruppe a, wie sich das aus dem Wortlaut eindeutig ergibt.

Die Stellungnahme der Wirtschaftlichkeit der Erzeugung richtet sich vor allem gegen diejenigen Kartelle und Vereinbarungen, kraft deren einzelne Unternehmungen stillgelegt, aber „mitgeschleppt" werden. Die Inhaber erhalten eine Quote oder sonstige Abfindungen.

Die Beeinträchtigung des Verkehrs mit Waren und Leistungen kann vor allem durch Exklusivverträge, gebundene Listen der Grossisten usw. beeinträchtigt werden; auch, wie oben bereits bemerkt, durch Treurabatte, Bonifikationen und ähnliches.

Die zweite Gruppe umfaßt eingeschachtelt zwei Voraussetzungen: einmal muß eine Einschränkung der wirtschaftlichen Handlungsfreiheit vorliegen, außerdem aber muß diese Einschränkung in volkswirtschaftlich nicht gerechtfertigter Weise vor sich gehen. Mit dieser zweiten Voraussetzung bekommt die ganze Verordnung einen höchst unerwünschten politischen Charakter insofern, als wechselnde Regierungen wechselnde Ansichten darüber haben werden, was volkswirtschaftlich gerechtfertigt ist oder nicht. Die eine Regierung ist z. B. den Konsumgenossenschaften günstig, die andere nicht. Dieser höchst labile Charakter der Diktaturverordnung könnte hingenommen werden, wenn sie nur zum Zwecke der Preissenkung ihrem Wortlaut nach angewandt werden könnte. Das aber ist nicht der Fall. Es sieht stark danach aus, als ob man jetzt wieder von der an sich wichtigsten Bestimmung, nämlich der über die Vernichtung von Kartellen und Reverssystemen, keinen Gebrauch machen wird. (Vgl. jedoch AusfBest. unter D.) Denn sonst hätte man es schon längst tun müssen. Der Grundparagraph der alten KartVO., 4, ist ja auch kaltgestellt worden. Die Kartelle werden also bestehen bleiben — und die Möglichkeit ist durchaus nicht von der Hand zu weisen, daß die Diktaturverordnung auch einmal gegen die Konsumenten angewandt wird, wenn diese sich in Einkaufskartellen oder Konventionen zusammenschließen. Gegen die Einkaufsgenossenschaften kann die VO. ohne weiteres angewandt werden: z. B. mit der Begründung, daß durch die Geschäftsbedingungen im Einkauf die wirtschaftliche Handlungsfreiheit der Verkäufer „in volkswirtschaftlich nicht gerechtfertigter Weise" eingeschränkt werde. Daß auch die alte KartVO. diese Bestimmung hatte (§ 4 Abs. 2), spricht nicht für sie, sondern ist nur ein Beweis der Doppelzüngigkeit dieser Art von Gesetzgebung.

Bemerkenswert ist, daß so stark sich die neue Kartellverordnung hier an die alte anlehnt, ein wichtiges Merkmal (scheinbar) ganz weggefallen ist: die Gefährdung des Gemeinwohls oder der Gesamtwirtschaft. Dieser Mangel könnte ein Vorzug sein, da die Feststellung dieses Begriffsmerkmals nicht geringe Schwierigkeiten verursacht. Es ist aber der VO. immanent, die ja (wie man sagt) zur Abwendung allgemeinen Schadens schleunigst erlassen werden mußte: also im Augenblick der drohenden Gefährdung des Gemeinwohls und der Gesamtwirtschaft.

Was volkswirtschaftlich gerechtfertigt ist oder nicht, sagt die nationalökonomische Lehre, die in entscheidenden Augenblicken versagte. Man denke nur an die Kriegs- und Inflationszeiten.

In dem Kommentar zur alten KartVO. habe ich folgendes ausgeführt:

„Volkswirtschaftlich nicht gerechtfertigte" Handlungen sind solche, bei denen das rein egoistische Kapitalsinteresse der eigenen Bereicherung ohne Rücksicht auf die Allgemeinheit diktiert. Wenn man dem Kartell den Vorwurf machen kann, daß es nach den Lehren der nationalökonomischen Wissenschaft nicht gerechtfertigt handelt und daß seine Methoden nur zur Bereicherung der Beteiligten, nicht aber auch zur Hebung der Volkswirtschaft führen, fallen seine Maßnahmen unter die Vorschrift. . . Nicht jede Einschränkung der Erzeugung oder des Absatzes ist volkswirtschaftlich ungerechtfertigt. Volkswirtschaftlich ungerechtfertigt ist die Einschränkung zum Zwecke der Preissteigerung" (l. c. S. 71).

12. Der zweite Absatz des § 1 lehnt sich an den § 10 der alten Kartellverordnung an und gewährt den bedrückten Abnehmern ein Rücktrittsrecht. Nicht ein einziges Mal wurde auf Grund des § 10 die Befugnis zum Rücktritt ausgesprochen. Jetzt ist es in der AusfBest. geschehen. Aber es ist anzunehmen, daß die Berechtigten von der ihnen gewährten Ermächtigung wahrscheinlich keinen Gebrauch machen werden. Dem Arbeitnehmer, der mit dem Arbeitgeber einen Lohnwuchervertrag geschlossen hat, ist nicht damit gedient, daß der Vertrag gemäß § 138 BGB. nichtig ist: Diese Entscheidung nimmt ihm ja noch das Letzte. Ihm ist mit der Anstellung zu angemessenen Bedingungen gedient. Der Käufer, der den Rücktritt erklärt, bekommt auf diese Weise keine Ware. An Stelle einer Vorschrift, deren Unanwendbarkeit sich erwiesen hat, hätte man hier das Problem des Kontrahierungszwanges in Angriff nehmen müssen, gerechtfertigt durch die Gefährdung des Gemeinwohls, die ja nach Ansicht der Regierung gegeben ist. —

Die Rücktrittsbefugnis bezieht sich nicht auf erfüllte Verträge. —

Ist anzunehmen, daß der Vertrag auch ohne die beanstandete Voraussetzung abgeschlossen worden wäre, so berechtigt die Anordnung der Reichsregierung nur zum Rücktritt von der beanstandeten Geschäftsbedingung oder von der auf Grund der beanstandeten Art der Preisfestsetzung getroffenen Preisvereinbarung (§ 10 Abs. 1 S. 2 der alten KVO.).

Bei Verträgen, die die Verpflichtung zu mehreren selbständigen Teilleistungen enthalten (Sukzessivlieferungsverträgen), ist der Rücktritt insoweit ausgeschlossen, als die Teilleistungen von beiden Vertragsteilen vollständig erfüllt sind.

13. Unter dem 30. August 1930 sind Ausführungsbestimmungen zur Notverordnung erschienen, die von größter Tragweite sind und im Anschluß an den § 5 wiedergegeben und erläutert werden (C).

§ 2.

Wenn die Voraussetzungen für Maßnahmen nach § 1 vorliegen, kann die Reichsregierung die Eingangszölle für zollpflichtige Waren, auf die sich die im § 1 genannten Bindungen beziehen, herabsetzen oder aufheben.

Anmerkungen.

In dieser Vorschrift spricht die Tendenz zur Preissenkung deutlich — deutlicher als im § 1, dessen Sätze auch gegen preissenkende Bestrebungen gerichtet werden können. Die Herabsetzung oder Aufhebung von Eingangszöllen kann aber nur der Verbilligung der Waren dienen. Hierzu ist aber folgendes zu bemerken: Die Herabsetzung hat nur einen beschränkten Zweck, wenn die Gerichte fortfahren, Unterbietungen als solche den Vorschriften des Gesetzes gegen den unlauteren Wettbewerb zu unterwerfen. Das Oberlandesgericht Düsseldorf hat (in einem viel erörterten Urteil, das die kartellfreundliche Wissenschaft auf den Plan gerufen hat) die Unterbietung verboten, wenn ihr Ziel die wirtschaftliche Vernichtung des Gegners ist. Diejenigen, die der reichsgerichtlichen Judikatur gegen die „Schleuderer" Gefolgschaft leisten, sind über dieses Urteil aus dem Häuschen geraten und haben in pathetischer Form das Recht, rücksichtslos zu unterbieten, für das — Kartell vindiziert. (Vgl. hierzu Rudolf Isay in GesR. u. U. 29 S. 1369, Baumbach in Markens. u. W. 1930 S. 2.)

Diese Judikatur, welche die Kartell- und Reverspreise wie gesetzliche schützt, muß verschwinden; sonst können sich die im § 2 vorgesehenen, bisher noch nicht Wirklichkeit gewordenen Maßnahmen kaum auswirken — wenn sich die Reichsregierung einmal zu ihnen entschließen sollte.

§ 3.

(1) Vor Erlaß einer Maßnahme nach §§ 1 und 2 soll die Reichsregierung die beteiligten Wirtschaftskreise hören. Sie soll den vorläufigen Reichswirtschaftsrat um eine gutachtliche Stellungnahme ersuchen.

(2) Maßnahmen nach dieser Verordnung sind im Reichsanzeiger öffentlich bekanntzumachen und wirken vom Tage der Bekanntmachung ab.

Anmerkungen.

Die im § 3 vorgesehene „Maßnahme", den vorläufigen Reichswirtschaftsrat zu hören, hat die Reichsregierung getroffen. Eine Preissenkung hatte diese Maßnahme nicht zur Folge, wohl aber eine gutachtliche Aeußerung dieses vorläufigen Reichswirtschaftsrats, welche im folgenden nach einem Bericht des „Berliner Tageblatts" vom 14. August 1930 wiedergegeben werden soll:

„Die volkswirtschaftlichen Nachteile von Preisbindungen wiegen in einer Zeit tiefliegender Konjunktur zweifellos da besonders schwer, wo dadurch übererhöhte Preise festgehalten werden. Indes liegt es im Wesen der Krisenzeit, daß solche übererhöhten Preisbindungen da, wo nicht besonders starke monopolmäßige Marktbeherrschungen vorliegen, nicht auf längere Frist durchgehalten werden können, sondern daß früher oder später eine Auflockerung des Preisstandes oder eine Sprengung des Kartells eintreten muß. Diese Ueberlegung wird durch tatsächliche Beobachtungen bestätigt.

Andererseits würde eine allgemeine zwangsmäßige Aufhebung von Preisbindungen unter Wiederherstellung einer völlig freien Wettbewerbswirtschaft notwendigerweise zu gewaltigen Umstellungen in der industriellen und gewerblichen Wirtschaft führen müssen, mit der Folge örtlicher Betriebsstillegungen und Arbeiterentlassungen. So notwendig solche Umstellungen unter Umständen im großen Zuge der Anpassung der Volkswirtschaft an Notwendigkeiten der Rationalisierung sein können, so ergab sich doch eine einmütige Meinung dahin, daß eine allgemeine plötzliche Beseitigung sämtlicher Preisbindungen jähe Veränderungen und damit mindestens in weitem örtlichen Umfang erhebliche Verschärfungen der gegenwärtigen wirtschaftlichen Schwierigkeiten herbeiführen würde.

Nach einmütiger Auffassung des Ausschusses kann daher nicht empfohlen werden, jetzt Preisbindungen jeder Art zu untersagen und nur unverbindliche Richtlinien zuzulassen.

Es ist schon hervorgehoben worden, daß bei sinkender Konjunktur preisgebundene Unternehmungen unter dem Druck der allgemeinen Wirtschaftslage oder ihrer besonderen Betriebsverhältnisse die festgesetzten Preise häufig nicht einhalten können, und unter Umgehung der sie verpflichtenden Bindungen Nachlässe gewähren. Tritt ein solches Verhalten mehrfach auf und handelt es sich nicht etwa nur um vereinzelte im Rahmen einer verständigen Verkaufspolitik liegende Ausnahmefälle oder aber um aus dem Rahmen der Gesamthaltung der Kartellbetriebe fallende Vertragswidrigkeiten eines Betriebes, so ist daraus zu ersehen, daß die Preisbindung der Wirtschaftslage widerspricht, somit übrigens nicht nur volkswirtschaftlich, sondern auch privatwirtschaftlich fehlerhaft ist. Es ist alsdann Zeit, zu einer Neuordnung zu kommen, sei es durch Anpassung der Kartellpreise an die gegebenen Verhältnisse, sei es durch Freigabe der Preise überhaupt. Der Zustand jedenfalls, die gebundenen Listenpreise rechtlich und formal noch aufrechtzuerhalten und nach Möglichkeit durchzusetzen, wo gerade die Verhältnisse es erlauben, im übrigen aber sie tatsächlich durchbrechen zu lassen, ist in hohem Maße bedenklich. Er führt allzu leicht zu einer willkürlichen Benachteiligung schwächerer Käufer und zu einer Verwirrung des Urteils der Käufer wie der öffentlichen Meinung.

Der Ausschuß hält daher einmütig es für notwendig, daß die Kartelle alsbald solche von der wirtschaftlichen Entwicklung überholte Preisbindungen auch formal berichtigen oder aufheben und hierüber volle Klarheit schaffen, und er richtet den dringenden Appell an die Kartelle, hiernach zu verfahren. Er hält nötigenfalls einen Eingriff der Reichsregierung auf Grund der ihr in dieser Richtung erteilten Vollmachten zur Verwirklichung dieses Erfordernisses für berechtigt und billigenswert.

Um solche Fälle festzustellen, empfiehlt der Ausschuß, bei Beschwerden oder sonst gegebenem Anlaß auf Grund der Verordnung über Auskunftspflicht Auskünfte über die im Durchschnitt erreichten Preise einzuholen.

Was die Frage der Regierung anlangt, ob die Preisbindungen von Angehörigen der nächsten Wirtschaftsstufe, also z. B. von Angehörigen des Einzelhandels durch Produzenten oder Großhandel aufgehoben werden sollen, und ob dies insbesondere mit Rücksicht auf die Preisbindung von sogenannten Markenartikeln angezeigt sei, so ist der Ausschuß nicht zu einem einheitlichen Ergebnis gelangt.

Was speziell die Markenartikel anlangt, so kam ein Teil des Ausschusses zu dem Urteil, eine allgemeine Aufhebung der Bindung der Handelsspannen bei Markenwaren abzulehnen, und auch hier auf den Weg der Untersuchung des Einzelfalls zu verweisen. Der andere Teil des Ausschusses empfiehlt der Regierung, auf Grund ihrer Vollmachten die Preisbindungen der Verkäufe für die Lebens- und Genußmittel, die in Form der Markenwaren vertrieben werden, sogleich allgemein aufzuheben und auch alle Rechtsbehelfe anzuwenden, um Umgehungen nachdrücklich entgegenzutreten, wie sie etwa durch Weiterbelieferungsverbote, Sperren oder ähnliche Anweisungen versucht werden könnten. In diesem Zusammenhange glaubt ein Teil des Ausschusses, der Regierung auch die Nachprüfung der Preise der Arzneitaxe in der Richtung wirtschaftlich möglicher Preissenkungen empfehlen zu sollen.

In der Abstimmung im Unterausschuß sprachen sich vier Mitglieder der Abteilung 2 und zwei Mitglieder der Abteilung 3 (also die Mehrheit) dahin aus, daß bei den Markenwaren des Lebens- und Genußmittelgebietes die Preisbindungen von Angehörigen der nächsten Wirtschaftsstufe allgemein durch Regierungsanordnung aufgehoben werden sollten; vier Mitglieder der Abteilung 1 und zwei Mitglieder der Abteilung 3 lehnten die Aufhebung dieser Preisbindungen ab. Der gesamte Unterausschuß wünschte aber einmütig, daß durch Einzeluntersuchungen anderer Marktgebiete oder auch einzelner Fälle geprüft wird, inwieweit es angebracht ist, das Verbot der Preisbindung für Markenartikel über das Gebiet der Lebens- und Genußmittel hinaus auszudehnen.

Ungeachtet der dargelegten Meinungsverschiedenheiten im einzelnen herrschte im Ausschuß Einmütigkeit darüber, daß mit möglichster Beschleunigung Klarheit über die von der Reichsregierung auf dem Gebiete der Preisbindungen zu treffenden Maßnahmen im einzelnen herbeigeführt werden müsse. Der Reichswirtschaftsrat hält in Ansehung der weitgreifenden Vollmachten der Reichsregierung und in Uebereinstimmung mit deren Erklärungen es für sachlich geboten, daß er auch für die Entscheidung der Einzelfälle zu gutachtlicher Stellungnahme gemäß § 3 Abs. 1 Satz 2 der Verordnung herangezogen wird, zweckmäßigerweise in Verbindung mit der nach § 3 Abs. 1 Satz 1 vorzunehmenden Anhörung der beteiligten Wirtschaftskreise durch die Reichsregierung. Er richtet daher an die Regierung die Bitte, ihm sobald als möglich diejenigen Fälle mitzuteilen, in denen sie auf Grund der ihr zur Verfügung stehenden Unterlagen eine unwirtschaftliche Hochhaltung gebundener Preise zu sehen glaubt, damit er in die Lage versetzt wird, die Regierung bei den von ihr hiernach in Aussicht zu nehmenden Maßnahmen gutachtlich zu beraten.

Ob die Voraussetzungen für Maßnahmen der Regierung vorliegen, wird je nach den besonderen Verhältnissen zu ermitteln sein. Allgemein gültige Merkmale können hierfür nicht aufgestellt werden."

Aus diesem Gutachten, dessen Kritik in der Presse unter dem Motto erfolgte: „Der Reichswirtschaftsrat weiß, daß er nichts weiß", sei das eine hervorgehoben: Aufhebung der Preisbindung bei Lebens- und Genußmitteln. Hier kommen vor allem in Frage: Fruchtmarmelade, Haferflocken, Maggi, Maizena, Mondamin, Kathreiners Malzkaffee, Kaffee Hag, kondensierte Milch, Margarine, Schokolade, Zigaretten; ferner kosmetische Artikel, wie Birkenwasser, Chlorodont, chemische Fabrikate, wie Aspirin, Pyramidon usw.

In einem aufschlußreichen Artikel stellt das „Berliner Tageblatt" den Anteil der Markenartikel am Gesamtumsatz fest: 15 bis 20% des Gesamtumsatzes im Einzelhandel (B. T. v. 4. Aug. 1930) — nach der Schätzung des Instituts für Konjunkturforschung. Die Gegenstände der Arzneitaxe gehören dazu; auch Bücher, die indessen in dem Artikel nicht einmal erwähnt werden, also noch zusätzlich in Betracht kommen. Ziffernmäßig liegt die Schätzung zwischen 6 und 10 Milliarden Mark. Dann heißt es: „Zugegeben wird, daß die meisten Handelsspannen bei Markenartikeln weit über den Aufschlägen freier Waren liegen. So beträgt im Lebensmittelhandel der durchschnittliche Aufschlag freier Artikel 20 bis 25%, der der Markenartikel dagegen 25 bis 30%. Im Drogengeschäft ist die Differenz noch krasser. So wurden im Enqueteausschuß z. B. für Wybert-Tabletten 66⅔%, für Scotts Emulsion 58,7%, für Pebeco Zahnpasta 53,8% Aufschlag genannt, und die vernommenen Drogisten gaben für Parfümerien 50% für medizinische Drogen 50 bis 75%, für Toiletteartikel 40 bis 60% und für Markenartikel 25 bis 50% an." Das Oberlandesgericht Karlsruhe hat in seiner berühmt gewordenen Entscheidung gegen den Buchhändlerbörsenverein im Buchhandel Spannen von 50 bis 87% festgestellt. (Vgl. Goldbaum HGB. u. UWG. S. 666.)

Nach dem zweiten Absatz wirken die nach der Verordnung erlassenen Maßnahmen vom Tage der Bekanntmachung im Reichsanzeiger. Die Verordnung selbst wirkt sofort. In der oben zitierten Entscheidung des Reichsversorgungsgerichts, welche die Diktaturverordnung für gültig betrachtet, wird hinsichtlich solcher Verordnungen nach Art. 48 die Einschränkung gemacht, wohlerworbene Rechte dürften nicht verletzt werden. Dieser Satz ist genau so unhaltbar wie alle anderen Sätze des Urteils. Denn wenn eine derartige Notverordnung wirklich zur Behebung schwerster Gefahren erforderlich ist, dann wird man Deutschland an den wohlerworbenen Rechten wohl nicht untergehen lassen. Wenn z. B. Lebensmittelfabrikanten die Grossisten (und diese die Kleinhändler) an Preise gebunden haben, also das „Recht“ erworben haben, daß die Abnehmer diese Geschäftsbedingungen innehalten — dann sollen diese Bindungen bestehen bleiben, wenn gerade in ihrer Beseitigung die „Rettung“ liegt? Hat eine Aktiengesellschaft, die ein Kartell ist, und sagen wir, mit Zucker handelt, ein Recht darauf, bestehen zu bleiben, obwohl sich gegen preistreibende Kartelle die „Maßnahmen“ richten. Bedenkt man das alles, dann wird man ermessen, wie (nur wie?) mangelhaft diese Entscheidung über Fragen von höchster Bedeutung ist.

§ 4.

Ist der Markteinfluß der im § 1 bezeichneten Vorgänge örtlich beschränkt, so werden die der Reichsregierung nach § 1 zustehenden Befugnisse im Einvernehmen mit ihr von der Landesregierung oder einer von dieser bezeichneten Stelle ausgeübt. Wird das Gebiet mehrerer Länder berührt, so kann die Reichsregierung im Einvernehmen mit den Regierungen der beteiligten Länder die Stelle bestimmen, die für die Ausübung der Befugnisse nach § 1 zuständig ist.

§ 5.

Wer einer nach dieser Verordnung erlassenen Maßnahme zuwiderhandelt, ist auf Antrag der zuständigen obersten Reichsbehörde, im Falle des § 4 auf Antrag der zuständigen obersten Landesbehörde oder der von ihr bezeichneten Stelle, von dem Vorsitzenden des Kartellgerichts oder seinem Vertreter mit einer Ordnungsstrafe zu belegen. Die Ordnungsstrafe besteht in Geldstrafe, deren Höchstmaß unbeschränkt ist. Die Beitreibung erfolgt nach den Vorschriften der Reichsabgabenordnung.

Anmerkungen.

Die Vorschrift des § 5 lehnt sich an den § 17 der alten Kartellverordnung, der eine Ordnungsstrafe von unbegrenzter Höhe vorsieht für den, der

> „sich über die auf dieser Verordnung beruhende Nichtigkeit eines Vertrages oder Beschlusses (§§ 1 bis 3, 7, 9 Abs. 7, § 10 Abs. 5, § 21) oder über die Bestimmungen des § 4 Abs. 1 Ziff. 3 oder der §§ 5, 9 Abs. 1 oder 6 bewußt hinwegsetzt“.

§ 5 sagt ganz allgemein: „Wer einer nach dieser Verordnung erlassenen Maßnahme zuwiderhandelt“. Sie verzichtet auf die

Spezialisierungen des § 17 der alten KVO. — Rechtsmittel kennt die Verordnung nicht: der Reichspräsident kann aber die Maßnahmen der Reichsregierung aufheben.

D. Ausführungsverordnung über Aufhebung und Untersagung von Preisbindungen.

Auf Grund des § 1 des Fünften Abschnitts der Verordnung des Reichspräsidenten zur Behebung finanzieller, wirtschaftlicher und sozialer Notstände vom 26. Juli 1930 (RGBl. I S. 311) wird hiermit verordnet:

§ 1.

1. Verträge der in § 1 Abs. 1 a, 3 des Fünften Abschnitts der Verordnung des Reichspräsidenten zur Behebung finanzieller, wirtschaftlicher und sozialer Notstände bezeichneten Art sind nichtig, soweit sie dem Abnehmer einer Ware

a) für Waren anderer Art oder Herkunft, oder

b) für gewerbliche Leistungen

Verpflichtungen in bezug auf die Art der Preisfestsetzung oder die Forderung von Preisen auferlegen.

2. Die Anwendung von Geschäftsbedingungen wird untersagt, soweit sie den Abnehmer einer Ware

a) für Waren anderer Art oder Herkunft, oder

b) für gewerbliche Leistungen

in bezug auf die Art der Preisfestsetzung oder die Forderung von Preisen rechtlich oder wirtschaftlich beschränken.

§ 2.

Es wird untersagt, Handlungen vorzunehmen, die unmittelbar oder mittelbar im wesentlichen den gleichen wirtschaftlichen Erfolg herbeizuführen geeignet sind wie die im § 1 genannten Verträge oder Geschäftsbedingungen.

§ 3.

Die Parteien können nach § 1 Abs. 2 des Fünften Abschnitts der Verordnung des Reichspräsidenten zur Behebung finanzieller, wirtschaftlicher und sozialer Notstände von Verträgen zurücktreten, die unter den im § 1 genannten Voraussetzungen geschlossen worden sind. Der Rücktritt ist innerhalb eines Monats nach Bekanntmachung dieser Verordnung zu erklären.

§ 4.

Die Reichsregierung bestimmt den Zeitpunkt, zu dem diese Verordnung außer Kraft tritt.

Berlin, den 30. August 1930. (Veröffentlicht im Reichsanzeiger vom 30. 8. 30.)

Anmerkungen.

Diese Verordnung ist die erste praktische Ausführung der neuen Kartellverordnung. Wenn man die oben gegebenen Anmerkungen hinzunimmt, wird man erkennen, daß alle Kartelle oder kartellartigen Gebilde — auch die in Form von Gesellschaften mit beschränkter Haftung und Aktiengesellschaften — insoweit vernichtet sind, als sie den Abnehmer einer Ware bezüglich anderer Waren oder derselben Ware aus anderer Herkunft oder für gewerbliche Leistungen preislich binden. Diese Bestimmung richtet sich insbesondere gegen den Markenschutzverband, der damit vernichtet ist. Sie richtet sich aber auch gegen Lieferanten von Elektrizität, die von ihren Abnehmern die Montage durch eine bestimmte Firma, welche ihrerseits feste Preise hat, verlangen.

Die Ziffer 2 wendet sich gegen die Vereinbarungen und (im Zusammenhang mit § 2) gegen das gleichgerichtete, wenn auch einzelne Vorgehen der Zigarettenfabrikanten und insbesondere gegen deren Preisschutzstelle.

Getroffen wird aber auch das sogenannte Ladenpreissystem des Buchhändlerbörsenvereins. Denn die Bücher aus dem Verlage A sind im Verhältnis zu Büchern aus dem Verlage B Waren „anderer Herkunft".

Es kann also nur noch ein Unternehmer ganz allein für sich ein Reverssystem aufstellen und für ihn Waren mit Preisbindung für die letzte Hand aufstellen; aber auch das fällt selbstverständlich unter die neue Kartellverordnung (§ 1a), und es ist zu prüfen, ob die Voraussetzung des § 1 am Ende der Ziff. 1 erfüllt ist (vgl. oben).

Uebertragungen haben die Straffolge aus § 5; überdies zivilrechtliche Folgen des Handelns auf Grund nichtiger G. m. b. H. und Aktiengesellschaften und als Verstöße gegen den § 823 Abs. 2 BGB.

Die Rechtsprechung gegen diejenigen, welche Kartellpreise und Reverspreise unterbieten, ist mit dieser Verordnung jedenfalls erledigt — und das gilt auch für schwebende Prozesse. Auch rechtskräftige Urteile werden betroffen: die Nichtigkeitserklärung erwirkt ja ex tunc. Die Vollstreckung solcher Urteile ist auch eine Handlung im Sinne des § 2. Ist also jemand verurteilt, die Zigarettenpreise nicht zu unterbieten, so ist eine Vollstreckung dieses Urteils — durch Zivilstrafen— ausgeschlossen.

FSC
www.fsc.org
MIX
Papier | Fördert
gute Waldnutzung
FSC® C083411

Kolibri 360 GmbH
Ferdinand-Jühlke-Straße 7
99095 Erfurt, Deutschland
produktsicherheit@kolibri360.de